In der Natur mit Pettersson ™ und Findus

INHALT

AB INS GRÜNE!

Pettersson und Findus leben mit einer Schar vorlauter Hühner
und den frechen Mucklas auf einem kleinen Bauernhof
mitten auf dem Land. Der neugierige Kater mag es in dem
gemütlichen Häuschen am warmen Ofen – aber noch mehr
liebt er es, den alten Pettersson auf abenteuerlichen Streifzügen
durch die Natur zu begleiten! Und du? Worauf wartest du?
Pack den Rucksack, komm mit nach draußen und entdecke dort
mit Pettersson und Findus viele große und kleine Wunder …

Rot, gelb, blau – bunte **Blumen**
in einer Vase bringen sommer-
lichen Duft und gute Laune ins
Haus. Damit die Blumen lange
frisch bleiben, gib einen Esslöffel
Zitronensaft und Essig sowie eine
Prise Zucker mit ins Wasser.

Kein Ausflug ohne **Rucksack**!
Ein Rucksack auf dem Rücken
hat den Vorteil, dass du beide
Hände frei hast – die brauchst
du, um Stöcker zu sammeln,
Steine zu inspizieren, Blätter zu
betrachten und noch vieles mehr.
In den Rucksack packst du deine
Trinkflasche, ein Butterbrot, Obst,
Kekse, Taschentücher und je
nach Jahreszeit Sonnencreme
oder eine Regenjacke.

Ameisen leben schon mehr
als 130 Millionen Jahre auf der
Erde! Manchmal kommt die
»Waldpolizei« auf der Suche
nach Nahrung gern ins Haus.
Male auf der Ameisenstraße ein
Stoppschild: Ziehe mit Kreide
eine Linie auf dem Boden – und
die Ameisen werden sie nicht
überqueren. Oder du wischst
Boden und Ecken mit Essig oder
Zitronensaft ab. Diese Gerüche
mögen die Ameisen nicht und
krabbeln schnell wieder ins Freie.

Haus-spinnen bauen ihre trichterförmigen Netze gern in dunklen Zimmerecken, hinter Möbeln und im Badezimmer. Wenn du eine Spinne bei euch im Haus entdeckst, stülpst du ein Glas über das Tier, schiebst ein Blatt Papier unter und entlässt die Spinne wieder in die Natur.

Du siehst sie nicht, hörst und schmeckst sie nicht, du kannst sie nicht anfassen und trotzdem ist sie da: die **Luft**. Sie ist ein Gemisch aus verschiedenen Gasen und besteht aus vielen winzig kleinen Teilchen, den Molekülen. Die wichtigsten Moleküle in der Luft sind Stickstoff, Sauerstoff und Kohlendioxid. Den Sauerstoff brauchen wir zum Atmen. Und das Kohlendioxid ist lebensnotwendig für Pflanzen.

Ein **Spaziergang im Wald** oder ein **Ausflug an den See** ist herrlich: Hier kannst du toben und spielen, rennen und schwimmen, bauen und buddeln. Vergiss aber nicht, dass auch Tiere und Pflanzen hier ihren Lebensraum haben. Deshalb ist es wichtig, die Tiere nicht zu stören, keinen Müll zu hinterlassen, nichts zu zertrampeln oder abzureißen und sorgsam mit der Natur umzugehen.

IM BLUMEN- UND KRÄUTERGARTEN

Hmmm ... Findus hält schnuppernd die Nase in die Luft. Wie das duftet! Der würzige Geruch nach verschiedenen Kräutern vermischt sich mit dem intensiven Duft des lilafarbenen Sommerflieders. Der alte Pettersson will sich gerade auf die Gartenbank plumpsen lassen, um ein wenig auszuruhen, aber daraus wird nichts: Findus macht einen großen Satz – und weiter geht es in einen anderen Teil des Gartens.

Basilikum

Rosmarin

Minze

Thymian

Weil der Geruch nicht nur dem kleinen Kater gut gefällt, sondern auch ganz viele Schmetterlinge anlockt, wird der **Sommerflieder** auch Schmetterlingsflieder genannt: Kaum öffnet er seine Blüten voller Nektar, kommen die bunten Tierchen in Scharen angeflattert.

Frische **Kräuter** riechen nicht nur herrlich, sondern sind auch gesund und verfeinern jedes Gericht. Im Garten findet sich bestimmt ein Plätzchen dafür. Wenn ihr keinen Garten habt: Macht nichts! Du kannst auch einen mobilen Kräutergarten anlegen, zum Beispiel an einer sonnigen Hauswand auf der Terrasse oder dem Balkon. Sogar auf der Fensterbank wächst dein Kräuterbeet. Wichtig ist nur, dass die Kräuter genug Sonne abbekommen.

Was der Flieder mit seinem Duft macht, erledigt die **Sonnenblume** mit ihrem strahlenden Aussehen: Die großen Zungenblüten sind knallgelb. Da kann wirklich keine Biene dran vorbeifliegen! Sonnenblumen wachsen bis zu drei Meter hoch und richten ihre Köpfchen immer dorthin, wo gerade die Sonne steht. Praktisch, oder?

Eine **Honigbiene**, die Blumen voller Nektar gefunden hat, muss das natürlich ihren Freundinnen erzählen. Und dafür tanzt sie einen wilden Tanz! So zeigt sie den anderen Bienen, in welche Richtung sie fliegen müssen.

Wenn eine **Wespe** auf dich zufliegt, bleibe ganz ruhig. Ihre Komplexaugen, die aus vielen kleinen Einzelaugen bestehen, sehen deine schnellen Bewegungen. Dadurch könnte die Wespe sich bedroht fühlen. Eine Wespe kann übrigens mehrmals stechen, aber eine Biene stirbt nach einem Stich, weil sie ihren Stachel nicht mehr herausziehen kann. Im Gegensatz zu Bienen fressen Wespen auch Fleisch.

＊ Honigbienen sind Vegetarierinnen.

IM OBST- UND GEMÜSEGARTEN

Am aller-, allerliebsten isst Findus Pfannkuchentorte. Aber wer ein großer und starker Kater werden will, der braucht auch knackiges Gemüse und leckeres Obst auf dem Teller. Wie gut, dass bei Pettersson im Garten ganz viele Sachen wachsen, die er frisch geerntet in der Küche zu köstlichen Gerichten verarbeitet. Und zum Nachtisch gibt's dann ein Stück Torte ...

Kennst du den Unterschied zwischen **Obst und Gemüse**? Gemüse stammt von Pflanzen, die nur ein Jahr »halten«, Obstpflanzen blühen immer wieder und bringen Früchte hervor. Meistens ist Obst ziemlich süß und Gemüse ist es nicht. Oft wächst Gemüse am Boden und Obst am Baum. Aber: Tomaten sind Obst. Und Erdbeeren wachsen am Boden. Also stimmt das nicht ganz. Aber Hauptsache, es schmeckt und ist gesund!

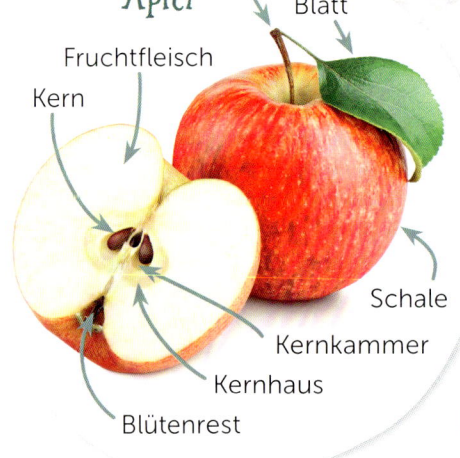

Apfel

Stiel
Blatt
Fruchtfleisch
Kern
Schale
Kernkammer
Kernhaus
Blütenrest

＊Auch Würmer mögen Äpfel.

Ein **Nistkasten** im Garten bietet Vögeln nicht nur Platz zum Nisten und Brüten, sondern auch Schutz vor Kälte und Regen. So kannst du vorsichtig beobachten, wie Meisen, Stare und andere heimische Vögel ihr Nest bauen, Eier legen und sie ausbrüten, wie die Kleinen ihre ersten Flugversuche machen oder sich im warmen Häuschen aneinanderkuscheln.

Wenn du in eurem Garten einen großen **Steinhaufen** errichtest, schaffst du einen weiteren Lebensraum für Tiere. Ein Steinhaufen bietet viele Verstecke, aber auch Platz zum Überwintern. Wenn du Glück hast, wohnen dort irgendwann Insekten und Spinnen, Mäuse und Kröten – und vielleicht sogar ein Igel.

Bei einem Wettrennen haben **Schnecken** keine Chance: Sie schaffen gerade mal zwei bis sieben Zentimeter in der Minute. Dabei bewegen sie sich auf ihrer selbst produzierten »Straße«, der Schleimspur. Der Schleim schützt die Weichtiere vor rauem Boden – sie können sogar über Glassplitter kriechen, ohne sich zu verletzen.

Zwitschernde Vögel und bunte Schmetterlinge hast du im Garten schnell entdeckt. Aber hier gibt's noch mehr zu sehen: Unter großen Steinen leben Asseln und Tausendfüßler. An Blattunterseiten findest du Blattläuse, die Pflanzensaft saugen. In Laubhaufen krabbeln Ohrwürmer und Käfer und Regenwürmer ziehen abgestorbene Blätter in ihre unterirdischen Gänge.

AUF DER WIESE

Findus liegt gemütlich im Gras, schaut in den Himmel und pfeift leise auf einem Grashalm. Da kitzelt ihn etwas in der Nase und ... Hatschi! Pollen fliegen durch die Luft. Und in der Wiese wimmelt es nur so vor Leben! Auf den Blüten sitzen Insekten und Vögel, auf den Blättern krabbeln Marienkäfer, im Gras hocken Grashüpfer, auf dem Boden flitzen Ameisen und Tausendfüßler hin und her und unter der Erde buddeln Maulwürfe und wühlen Mäuse herum. Was für ein Gewusel!

Du kannst mit einem Stück Gras zwischen den Daumen Pfeiftöne erzeugen. Der Grashalm sollte etwa 5 cm lang sein. Du klemmst ihn so zwischen den Knöcheln der Daumen ein, dass er straff gespannt ist, und pustest dann durch das Loch, das so entsteht. Bekommst du »Alle meine Entchen« hin?

Hast du schon mal von »Halbumwandlern« gehört? Das sind keine Wesen aus einem Märchen, sondern Heuschrecken. Sie schlüpfen als Larven aus den Eiern und häuten sich dann immer und immer wieder – bis zur fertigen Schrecke. Ach ja, und wunderschön zirpen und rattern, schnarren und schwirren können sie auch noch.

Fast 250 verschiedene Arten von Klee gibt es. Findest du ein vierblättriges Kleeblatt? Dann hast du Glück!

Gras ist nicht gleich Gras: Es gibt ganz viele unterschiedliche Grassorten. Das kleine Zwerggras erreicht nur eine Höhe von zwei bis drei Zentimetern und das höchste Gras der Welt ist der Riesenbambus – er kann bis zu 40 Meter hoch werden!

Auf Streuobstwiesen stehen Obstbäume »verstreut« in der Landschaft herum. Bis zu 5.000 Tier- und Pflanzenarten leben auf Streuobstwiesen. Viele davon sind stark gefährdet oder sogar vom Aussterben bedroht.

Blüte

Knospe

Pflanze

Stengel

Zweig

Blatt

Wurzel

Und so trickst du **Regenwürmer** aus: Trommle mit einem Stock auf den Boden oder gieße viel Wasser auf eine Stelle. Die Regenwürmer denken, es regnet – und kriechen nach einiger Zeit ins Freie.

* Pflanzen produzieren Sauerstoff.

AUF DER WIESE

Eine Wiese muss regelmäßig gemäht werden, sonst verwildert sie: Vor allem Sträucher, Büsche und schnell wachsende Bäume wie Ahorn und Birke wuchern die Wiese zu. Schafe, Ziegen und Gänse sind natürliche Rasenmäher – oder auch ein Stier wie der von Petterssons Nachbar Andersson.

Bestäubung

Narbe

Pollen

Staubblatt

Oft wachsen an Wiesenrändern in Hecken **Hagebutten**. Ihr süßsaures Fruchtfleisch ist sehr vitaminreich. Sie können aber noch etwas anderes: Die kleinen orangefarbenen Früchte enthalten in ihrem Innern viele winzige Nüsse, deren Härchen Widerhaken besitzen und die bei Hautkontakt stark jucken. Pass also auf, dass du nicht mit den Nüsschen in Berührung kommst.

Die **Zecke** beißt nicht, sondern sie sticht. Und sie lässt sich auch nicht mit triumphierendem Indianergebrüll vom Baum fallen, wenn ein »Opfer« vorbeiläuft. Zecken sitzen auf Grashalmen, an Buschzweigen und im Unterholz. Und sie können schwere Krankheiten übertragen. Deshalb solltest du nach dem Spielen auf Wiesen oder im Wald deinen Körper immer gründlich nach Zecken absuchen.

Die **Blüte** ist ein Teil einer Pflanze. Daraus wachsen die Samen oder auch Früchte. Der weibliche Teil der Blüte heißt Narbe, die männlichen Teile sind die Staubbeutel mit den **Pollen**. Wenn die Pollen auf die klebrige Narbe gelangen, heißt das Bestäubung. Meistens erledigen die Insekten das. Aber auch der Wind wirbelt Pollen durch die Luft zu anderen Blüten – oder zu unserer Nase. Und dann müssen wir niesen.

Schmetterling

Fühler
Kopf
Brust
Vorder-flügel
Hinter-flügel
Hinterleib

Aus einem Ei schlüpft eine Raupe, die sich nach der Verpuppung zu einer Larve in einen wunderschönen **Schmetterling** verwandelt.

Wohnkessel

Laufgang

Jagdgang

Vorratskammer

Die Punkte auf dem Rücken der **Marienkäfer** sehen nicht nur hübsch aus – sie sind dazu da, Feinde zu warnen: »Du solltest mich nicht fressen, ich schmecke sehr bitter!« Es gibt Marienkäfer mit nur zwei, aber auch welche mit bis zu 24 Punkten!

Fast blind, eine kleine Rüsselnase und schaufelartige Vorderpfoten: Vielleicht hast du einen **Maulwurf** noch nie bei der Arbeit gesehen, denn er lebt unter der Erde – aber einen Maulwurfshügel kennst du bestimmt! Regenwürmer, Insekten und Spinnen schmecken ihm besonders gut. Beim Jagen in den dunklen, unterirdischen Gängen hilft ihm seine besonders feine Nase.

AUF DEM FELD

Für den alten Pettersson ist es bis zum nächsten Supermarkt ein weiter, weiter Weg. Deshalb bauen er und seine Nachbarn auf den Feldern rund um ihre Höfe jede Menge verschiedene Nahrungsmittel an. So können sie selbst reifes Getreide und knackfrisches Gemüse ernten. Dazu noch gerade gelegte Eier von Oberhuhn Prillan und ihren gackernden Freundinnen sowie köstliche Milch von Anderssons Kühen ... Wer braucht schon einen Supermarkt?

Gerste

Weizen

Roggen

Hafer

Bestimmte Pflanzen nennen wir **Getreide**. Du kennst sicher Weizen, Reis und Mais. Aber auch Roggen und Gerste, die wie der Weizen am Stiel eine Ähre haben, und der Hafer mit den kleinen Rispen an den Stielen sind Getreidesorten. Die »Haare« an Gerste und Roggen heißen Grannen.

Was für riesige Backen! Die braucht der **Feldhamster**, denn er muss für den Winter ganz viel Nahrung in seine Vorratskammer schaffen. Dann hält er Winterruhe, indem er seine Körpertemperatur von über 32 Grad auf nur vier Grad absenkt. Alle fünf Tage wacht er auf, läuft von der Wohnkammer seines Baus in die Vorratskammer, schlägt sich den Bauch voll und geht dann beim Kotplatz aufs Klo.

Getreide

Körner

Mehl

Im Spätsommer, wenn das **Getreide** reif ist, wird es gemäht. Nach dem Dreschen werden die **Körner** in Säcke gefüllt und zu einer Mühle gebracht, wo sie nach einer sorgfältigen Reinigung zu **Mehl** gemahlen werden.

Heu ist gemähtes und getrocknetes Gras, das vor allem als Futter für Tiere benutzt wird, und **Stroh** sind die trockenen Halme vom Getreide nach dem Dreschen, also wenn die Körner bei der Ernte vom Rest der Pflanze getrennt werden.

AUF DEM FELD

Feldhase, Feldlerche, Feldhamster, Feldlaufkäfer ... Wie du am Namen erkennst, wimmelt es in Feldern nur so vor Tieren, vor allem im Frühjahr und im Sommer. Das größte Tier, das in Feldern lebt, ist das Reh. Wenn du genau hinsiehst, kannst du manchmal im dichten Getreide die Spitzen von Rehohren entdecken. Oder sind das etwa die Öhrchen von Feldfindus, der sich hier versteckt hat?

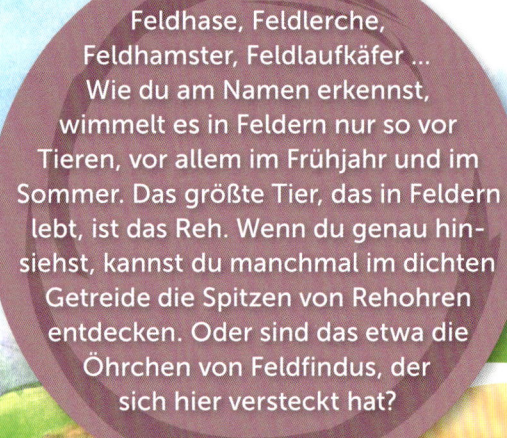

Mais ist vielfältig, auch wenn du ihn vielleicht nur von Cornflakes und Popcorn kennst: Maisstärke ist ein Bindemittel und wird nicht nur für Soßen und Desserts benutzt, sondern auch für Geschirr, Tragetaschen und Verpackungen – das bedeutet, dass kein Plastikmüll entsteht. Mais wird auch als Biotreibstoff benutzt. Und er ist in vielen anderen Ländern ein Grundnahrungsmittel.

Knallrot leuchtet er vor den gelben Getreidefeldern: Oft siehst du Klatschmohn am Feldrand. Wenn du Glück hast, kannst du auch noch die blaue Kornblume dort finden. An Feldrändern wachsen außerdem eine ganze Reihe anderer Pflanzen und manchmal auch seltene Wildkräuter.

Körner, Insekten, Würmer – Felder waren lange das reinste Schlaraffenland für Vögel. Heute siehst du so besondere Vogelarten wie Feldlerchen, Feldsperlinge, Rebhühner oder Grauammer leider nur noch selten. Der Einsatz von chemischen Düngemitteln gegen Schädlinge und Unkraut hat zur Folge, dass viele Vögel von den Äckern und Feldern verschwinden.

Libellen können ihre beiden Flügelpaare unabhängig voneinander bewegen. Na gut, dieser Doppeldecker vielleicht nicht ...

Tauben, Möwen, Raben, Krähen und Gänse – sie alle räubern gern auf Feldern herum. Deshalb bauen Landwirte eine **Vogelscheuche**. Mit ihrem lumpigen Aussehen passt sie den ganzen Tag gut auf das Getreide auf. Der alte Pettersson will die Kraniche auf seinem Kartoffelfeld übrigens mit einer Vogelscheuche verjagen, die aussieht wie sein Nachbar Gustavsson ...

Es kann schon mal vorkommen, dass **Kraniche** ein Kartoffelfeld plündern. Aber eigentlich fressen die Zugvögel lieber Getreidekörner, Schnecken, Regenwürmer, Frösche und kleine Insekten.

✳ Kraniche schlafen im Stehen – manchmal auch auf nur einem Bein.

AM SEE

Ruhig, friedlich und still: Pettersson und Findus lieben es am See, ob zum Angeln, zum Steineflitschen oder um für das Seepferdchen zu üben. Aber ist es am See wirklich so ruhig? Höre mal genau hin, dann wirst du feststellen, dass es überall raschelt und platscht, zirpt und schnattert. Schließlich gibt es hier jede Menge Wasser. Und Wasser ist Leben: Die Lebewesen auf der Erde haben sich vor sehr langer Zeit im Salzwasser der Meere entwickelt. Unser Trinkwasser, das aus dem Boden kommt, ist Süßwasser – genau wie das in Flüssen, Bächen und Seen.

Enten mit Brot zu füttern, ist nicht gut für die Tiere und das Wasser. Die Wasservögel vertragen Brot nur schlecht und die Reste verschmutzen den See. Füttere Enten lieber mit Haferflocken, Eicheln oder weichen Kartoffelstückchen – das macht genauso viel Spaß und ist für alle gut!

Beim Angelwettbewerb landet Petterssons Hecht aus Versehen in Gustavssons Boot. Zum Glück leben ja noch andere **Fische** im See: Neben Karpfen, Forelle oder Seebarsch gibt es Fische mit so lustigen Namen wie Stichling, Brachse, Rotauge oder Quappe.

Unter Wasser wimmelt und krabbelt es: **Wasserflöhe** sind winzige, durchsichtige Krebse. Sie ernähren sich von den grünen Algen. Ohne dieses Plankton und die kleinen Krebschen gäbe es keine Fische im See.

Natürlich entstanden sind Seen nach der Eiszeit durch das Schmelzwasser, das sich in riesigen Becken gesammelt hat. Es gibt aber auch von Menschen künstlich angelegte Seen.

Aus Froscheiern (Laich) schlüpft eine **Kaulquappe**, die nach und nach vom Fröschlein zum **Frosch** wird.

Wer flitzt da übers Wasser? Der **Wasserläufer** hat superlange Beine und ist extrem leicht. Dass er nicht untergeht, liegt aber auch an der Oberflächenspannung auf dem Wasser. Das ist so was wie eine Art Haut, die sich da bildet, wo Luft und Wasser aufeinandertreffen.

Das Gefieder der **Wasservögel** ist wasserabweisend und sie tragen Schwimmhäute zwischen den Zehen.

✳ Über 70 % der Erde ist mit Wasser bedeckt!

IM WALD

Weiches Moos unter den Füßen, kitzelnde Grasbüschel am Wegesrand, Schatten spendende Bäume daneben, fröhliches Vogelgezwitscher in den Ästen und hier und da steckt ein Pilz seinen Kopf aus der Erde: Ein Wald ist ein ganz besonderer Lebensraum, der aus vielen Bäumen gebildet wird. Pettersson und Findus mögen die Stimmung hier sehr – wenn nicht gerade Signhild mit ihrem alten Auto über den Waldweg knattert, um am See alles für einen Angelwettbewerb vorzubereiten ...

Der Wald

1 Dach: Kronenschicht
2 2. Stock: Strauchschicht
3 1. Stock: Krautschicht
4 Erdgeschoss: Bodenschicht
5 Keller: Wurzelschicht

Der **Wald** ist aufgebaut wie die **Stockwerke** in einem Haus: Im Dach wohnen Eichhörnchen, Marder, Uhu und Specht in den Ästen und Zweigen. Im 2. Stock leben Rehe, Wildschweine und viele Singvögel im Geäst von Sträuchern und jungen Bäumen. Im 1. Stock findest du Schmetterlinge, Bienen und sogar manchmal Glühwürmchen zwischen Blumen, Gräsern und Kräutern. Im Erdgeschoss krabbeln Ameisen, Spinnen und Käfer übers Moos. Und im Keller, wo alle Pflanzen ihre Wurzeln haben, wohnen Regenwürmer und Tausendfüßler, Mäuse und Dachse.

Schon aus großer Ferne hörst du sein Trommeln und Klopfen. Das macht der **Buntspecht** aber nicht, um Insekten oder Käferlarven zusammenzutrommeln. Nein, er hat einfach keine schöne Singstimme – deshalb »meißelt« er eben mit seinem kräftigen Schnabel gegen den Baumstamm. Und sagt damit: »Hallo, ich bin zu Hause. Welches Männchen oder Weibchen hat Lust, das Nest mit mir zu teilen?« Bei den Buntspechten meißeln nämlich Mann und Frau.

Die häufigsten Baumarten bei uns sind Fichte, Kiefer, Buche und Eiche, Kastanie, Ahorn, Eberesche, Birke und Erle. Weißt du, welcher Baum ein Laub- und welcher ein Nadelbaum ist?

Für deinen eigenen Baum deckst du den Boden eines Blumentopfs mit Steinen ab. Dann füllst du den Topf zu zwei Dritteln mit feuchter Blumenerde. Lege eine Eichel hinein und bedecke sie mit etwas Erde. Binde mit einem Gummiband einen durchsichtigen Plastikbeutel um den Topf, damit die Erde feucht bleibt. Ab in die Sonne damit – und nach einiger Zeit zeigt sich ein Keimling. Dann nimmst du den Beutel ab und gießt die Erde, sodass sie feucht bleibt. Wenn deine Mini-Eiche größer ist, kannst du sie in die Erde pflanzen.

Süß, nicht wahr? Der buschige Schwanz des Eichhörnchens hilft dem kleinen Tier nicht nur beim Steuern und Ausbalancieren auf den Bäumen und beim Springen – er ist auch eine mollig warme Bettdecke: Ein zusammengerollt liegendes **Eichhörnchen** kann sich mit seinem Schwanz komplett zudecken!

IM WALD

Im Schutz des Waldes leben viele Pflanzen und Tiere gemeinsam. Die Tiere finden hier nicht nur viele Verstecke, Nist- und Brutmöglichkeiten, sondern fressen neben Schädlingen auch Früchte, Beeren und Nüsse von Bäumen und Sträuchern. Und wenn ein Tier eine Frucht frisst, verdaut es sie, aber scheidet den Samen wieder aus. Der Samen fällt mit dem Kot irgendwo auf die Erde – und eine neue Pflanze wächst heran. So haben alle etwas davon. Praktisch, oder?

Entwicklung einer Ameisen-larve

Im Herbst werfen Laubbäume und Sträucher ihre Blätter ab. Sie fallen auf den **Boden** und werden zum Lebensraum für unendlich viele kleine Tierchen: Milben, Regenwürmer, Asseln, Tausendfüßler und Spring-schwänze wuseln in den Laub-haufen herum, ernähren sich von Falllaub, Ästchen und Zweigen – und sorgen dafür, dass am Boden wieder aufgeräumt wird.

Auch wenn ein **Ameisennest** aussieht wie ein riesiger Haufen komplett durcheinanderlaufender Tierchen, ist das Leben der **Roten Waldameisen** streng geregelt: Die Königin legt die Eier (Larven), die männlichen Ameisen sorgen für Nachwuchs – und die weiblichen Ameisen haben die abenteuerlichsten Aufgaben: Es gibt Weckerinnen, Königspflegerinnen, Nestreinigerinnen und Wächterinnen, Jägerinnen, Straßenbauerinnen, Materialbeschafferinnen, Blattlauswächterinnen und vieles mehr! Was wärst du gern in dem Königreich?

Das Blatt

Spitze

Blattrand

Spreite

Mittelrippe

Blattader

Blatt-
ansatz

Blattstiel

Ohne Pflanzen und ihre Blätter gäbe es auf der Erde keine Luft zum Atmen, denn sie helfen bei der Produktion von Sauerstoff. Das heißt **Photosynthese**.

Aus den Samen und Früchten der Bäume kannst du tolle **Figuren** machen! Du brauchst nur **Kastanien**, Zahnstocher, Handbohrer, Schere, Bastelkleber und vielleicht noch Wackelaugen oder Stifte. Auch mit Zapfen, Eicheln und Haselnüssen lässt sich gut basteln. Na, bekommst du einen kleinen Findus hin?

Wenn der **Bovist** reif ist und du versehentlich drauftrittst, schießt er seine Sporen ab, es gibt eine dunkle Staubwolke und ein ulkiges Geräusch. Deshalb bedeutet Bovist auch so viel wie Fuchspups. Aber keine Sorge, der Pilz stinkt nicht.

Pilze zu sammeln, macht großen Spaß – und sie später in Butter goldbraun anzubraten, auch. Aber: Viele Pilze sind nicht nur ungenießbar, sondern auch giftig. Deshalb sammelt Findus nur mit Pettersson zusammen Pfifferlinge, weil der sich richtig gut auskennt. Iss also nur Pilze, bei denen du dir ganz, ganz sicher bist, dass sie auch essbar sind.

AM FLUSS

Am Flussufer treffen sich Wasser und Land. Und ein Flussufer sieht nie lange gleich aus – denn der Fluss führt nicht immer gleich viel Wasser. Wenn es viel regnet, kann der Fluss über die Ufer treten. Im Hochsommer, wenn es trocken ist, bleibt von manchen Flüssen nur ein klitzekleines Rinnsal übrig.

Flussfische

Regenbogen-forelle

Zander

Aal

Hecht

Karpfen

Der **Fischotter** ist einer der besten Schwimmer und Taucher unter den Landraubtieren. Er lebt an seichten und fischreichen Flüssen. Hier findet er nicht nur viele leckere Fische zum Fressen, sondern auch Insekten, Frösche, Schnecken, Mäuse und Muscheln. Wie alle Tiere aus der Familie der Marder ist er mit seinem Futter nämlich nicht so wählerisch.

Achtung, Baum fällt! Der **Biber** bearbeitet mit seinen orangefarbenen Nagezähnen einen Baumstamm so lange, bis der Baum gefällt ist. An ruhig dahinfließenden Seitenarmen von Flüssen wohnt er besonders gern, da gibt es oft sein Lieblingsholz von Weiden und Pappeln: Aus den Ästen und Zweigen baut er hohe Burgen. Und Knospen und Rinde futtert er einfach auf.

Wenn du einen **Eisvogel** entdeckst, dann ist das etwas ganz Besonderes: Der strahlend bunte Vogel ist sehr scheu und nur etwa so groß wie ein Spatz. Mit eng angelegten Flügeln durchstößt er wie ein blau schimmernder Pfeil die Wasseroberfläche und taucht nach Krebsen, Kaulquappen und auch kleinen Fischchen.

Muscheln mit wunderschön glänzenden Perlen gibt es nicht nur im Meer: Die **Flussperlmuschel** lebt in schnell fließenden Gewässern. Sie kann bis zu 15 Zentimeter lang werden – und bis zu 280 Jahre alt! Leider haben nur ganz wenige der Muscheln Perlen in sich. Und durch die Verschmutzung der Flüsse und Perlenräuber in früheren Zeiten ist die Flussperlmuschel mittlerweile vom Aussterben bedroht. Du hast also großes Glück, wenn du eine siehst.

* Der längste Fluss in Deutschland ist der Rhein mit 865 Kilometern.

IN DEN BERGEN

Was für eine abenteuerliche Fahrt: Mit nur einem Ski am Fuß saust Findus die verschneiten Berghänge hinunter. Den zweiten Ski hat Pettersson leider nicht rechtzeitig fertig bekommen. In den Bergen gibt es aber noch viel, viel mehr zu sehen als pulvrigen Schnee, Felsen und Geröll: Fast 30.000 Tierarten und 13.000 Pflanzenarten leben und wachsen in den Alpen. Bestimmt kennst du Steinböcke, Murmeltiere, Gämsen und Luchse. Aber auch Steinadler, Braunbären, Edelweiß und Enzian sind hier zu Hause.

Freust du dich auch so wie Findus, wenn es draußen schneit? Wenn im Winter die Luft kalt genug ist, gefrieren Wassertröpfchen an winzigen Staubkörnchen und *Eiskristalle* entstehen. Zwischen den Eiskristallen ist jede Menge Luft, die zwischen den Flocken eingeschlossen ist. Fülle mal einen Eimer mit *Schnee* voll und stelle ihn an einen warmen Ort. Wenn der Schnee geschmolzen ist, wird die Luft »befreit« – und es ist viel weniger Wasser im Eimer als vorher Schnee!

* Schnee besteht aus ganz vielen kleinen Eiskristallen.

Leg dich in den Schnee, breite Arme und Beine aus und bewege sie auf und ab – fertig ist dein *Schneeengel!*

Unsere Erde besteht in der oberen Schicht aus *Erdplatten*. Die Erdplatten sind immer in Bewegung – natürlich nur ganz, ganz langsam, sodass du es nicht spüren kannst. Wenn zwei Kontinente zusammenstoßen, werden die Ränder zusammengeschoben. Beim Zusammenstoß von Afrika und Europa sind die Alpen entstanden. Und das hat Millionen von Jahren gedauert.

Elegant und gemächlich zieht der König der Lüfte seine Kreise – bis er eine Maus am Boden entdeckt und blitzschnell zum Boden hinabsaust. Der **Steinadler** erreicht eine Flügelspannweite von bis zu 230 Zentimetern. Seine Beute kann er aus einer Höhe von drei Kilometern noch ganz genau erkennen. Deshalb sagt man auch, wenn jemand besonders gut sehen kann: »Du hast ja Adleraugen!«

Alpenblumen

Enzian

Edelweiß

Alpenrose

Eiszapfen

bilden sich aus gefrierenden Tropfen. Ihre Form hängt vom Wind ab, der um sie herum pustet, und von ihrer Fließgeschwindigkeit. An Eiszapfen lutschen solltest du nur dort, wo die Luft auch wirklich ganz sauber ist.

Eine tiefe, brummige Stimme, zotteliges, braunes Fell und glänzende Knopfaugen: So ein **Braunbär** sieht ziemlich kuschelig aus, findest du nicht? Doch wenn er sich in voller Länge aufrichtet, kann er bis zu drei Meter groß sein! Er frisst alles, was ihm vor die Schnauze kommt: Früchte, Knospen, Wurzeln, Fische, Beeren, Insekten – und natürlich liebend gern Honig. Dafür lässt er sich sogar von den wütenden Bienen ganz oft stechen.

ZU HAUSE

Nach einem aufregenden Tag im Freien zieht es Pettersson und Findus zurück an den warmen Ofen. Bei heißem Tee und kleinen Leckereien kocht und näht der alte Pettersson, backt und erzählt Geschichten, löst Kreuzworträtsel und erfindet neue Sachen. Und das alles mit ganz vielen Dingen, die Findus und er von ihren Ausflügen in die Natur mitgebracht haben!

Wasche deine Steinesammlung ab und lasse sie trocknen. Dann kannst du mit einem feinen Pinsel und Acryllack Muster, Linien, Punkte, Gesichter und alles, was dir so einfällt, auf die **Steine** malen. Wenn die Farbe getrocknet ist, trag am besten eine Schicht Klarlack auf, dann hält deine **Bemalung** länger. Na, bekommst du das knautschige Gesicht von Pettersson hin?

Für selbst gemachte **Erdbeermarmelade** brauchst du 1 Kilo Erdbeeren, 1 Bio-Zitrone und 500 Gramm Gelierzucker (2:1). Wasche und putze die Erdbeeren und schneide sie in Stücke. Halbiere die Zitrone und presse den Saft aus. Mische den Saft mit den Erdbeeren und dem Gelierzucker und lass das Ganze 1 Stunde ziehen. Dann kochst du die Masse auf – am besten mit einem Erwachsenen zusammen – und rührst 5 Minuten lang die köchelnden Erdbeeren. Dann schnell in 4 saubere Gläser, zuschrauben, 5 Minuten auf den Kopf stellen und auskühlen lassen.

AM HIMMEL

Als Findus im Radio hört, dass das erste Lebewesen im All ein Hund war, ist er empört: Wie konnten die Menschen ein so dummes Tier ins Weltall schicken? Findus will auch dorthin! Zum Glück hat der alte Pettersson wie immer eine gute Idee und baut Findus seine eigene Mondrakete, mit der der kleine Katzonaut zum Mond fliegt und jeder Menge gackernden Mondhühnern begegnet. Möchtest du auch in den Weltraum reisen und unsere Erde von oben anschauen?

Die Planeten in unserem Sonnensystem

Jupiter · Merkur · Erde · Uranus · Saturn · Venus · Mars · Sonne · Neptun

Vollmond · abnehmender Mond · zunehmender Mond · Neumond

Wenn die Sonne bei uns untergeht, dann verschwindet sie nicht vom Himmel – sondern wir drehen uns von ihr weg! Die Erde dreht sich nämlich in 24 Stunden einmal um sich selbst. Also ist eine Hälfte immer der Sonne zugewandt und eine im Dunkeln. Irgendwo ist immer Tag, während es woanders **Nacht** ist. Wenn wir schlafen, ist in Australien helllichter Tag.

*1969 war der erste Mensch auf dem Mond.

Auch der **Mond** ist nie weg, du siehst ihn nur manchmal nicht. Das liegt daran, dass er einmal im Monat die Erde umkreist – und die Erde umkreist die Sonne. Dabei wird der Mond, der immer an verschiedenen Ecken steht, immer wieder unterschiedlich beschienen.

Orion

Großer Bär

Großer
Wagen

Kleiner Wagen

Es gibt
88 *Sternbilder* am
Himmel. So werden hell
leuchtende Sterne genannt,
die gemeinsam den Umriss eines
Gegenstands oder Tiers ergeben.
Besonders gut zu erkennen sind
der Große Wagen, der Große
Bär und Orion. 12 Sternbilder
sind auch als Sternzeichen
bekannt. Kennst du dein
Sternzeichen?

Vom Weltraum aus sieht die **Erde**
wie eine schöne Glasmurmel
mit verschiedenen Farben aus.
Vor allem kannst du ganz viel
Blau sehen. Das sind die Meere.
Von oben erkennst du also sofort:
Auf der Erde gibt es doppelt
so viel Wasser wie Land.

Als Findus allein im
Garten zeltet, ist es
ihm im Dunkeln zu
unheimlich. Am Ende
schläft Pettersson im
Zelt – und Findus krabbelt
in das gemütliche Bett des
Alten. Wenn du es beim
Schlafen auch nicht ganz
dunkel magst, nimm einen
leeren Joghurtbecher, spüle
ihn aus, bemale und beklebe ihn und
stelle ein künstliches Teelicht darunter –
fertig ist dein eigenes **Nachtlicht**.

Bildquellen

Illustrationen:

© 2018 Edel Germany GmbH, Happy Life Animation AB, A. Film A/S, All rights reserved. Lizenz durch Edel Germany GmbH, Hamburg. www.edel.com

Fotos:

Shutterstock: Seite 4 (Ameise): © Thomas Males, Seite 6 (Kräuter): © Oleksandra Naumenko, Seite 6 (Sonnenblume): © madeaw_ec, Seite 7 (Wespe): © Manfred Ruckszio, Seite 7 (Biene): © Anat Chant, Seite 8 (Apfel): © Roman Samokhin, Seite 9 (Vögel): © Ozerov Alexander, Seite 9 (Igel): © m.Anatol, Seite 10 (Heuschrecke): © highD, Seite 10 (Kleeblatt): © Miramiska, Seite 10 (Gras): © Alexander Koss, Seite 11 (Pflanze): © Tom Viggars, Seite 12 (Hagebutte): © ArTDi101, Seite 12 (Zecke): © Marlon Boenisch, Seite 12 (Blüte): © HHelene, Seite 12 (Biene): © Anat Chant, Seite 13 (Marienkäfer): © Yellowj, Seite 13 (Schmetterling): © jps, Seite 14 (Gerste): © Ruslan Rizvanov, Seite 14 (Weizen): © Subbotina Anna, Seite 14 (Roggen): © Pattern43, Seite 14 (Hafer): © Nele Verhovtsova, Seite 14 (Hamster): © KOO, Seite 15 (Getreide): © xpixel, Seite 15 (Stroh): © Katya123ua, Seite 15 (Heu): © Ivan_Karpov, Seite 16 (Reh): © DiceksPhoto, Seite 16 (Mais): © Aedka Studio, Seite 16 (Mohn): © Josef Kubat, Seite 18 (Ente): © beckart, Seite 18 (Wasserfloh): © Lebendkulturen.de, Seite 19 (Wasserläufer): © Karel Gallas, Seite 19 (Wasservögel): © Ger Bosma Photos, Seite 19 (Frosch): © Eric Isselee, Seite 21 (Specht): © Iskalda, Seite 21 (Eichhörnchen): © Menno Schaefer, Seite 21 (Eichenpflanze): © Gregor M, Seite 22 (Laub): © Iri Kirova, Seite 22 (Ameisenlarve): © Tomatito, Seite 22 (Ameisennest): © N Mrtgh, Seite 23 (Eichenblatt): © windu, Seite 23 (Kastanienmännchen): © NagyG, Seite 23 (Bovist): © Christopher Elwell, Seite 24 (Fische): © Krasowit, Seite 24 (Zander): © Krasowit, Seite 24 (Otter): © Christian Schoissingeyer, Seite 24 (Biber): © Rudmer Zwerver, Seite 25 (Eisvogel): © Nature Bird Photography, Seite 26 (Eiskristalle): © Menna, Seite 26 (Schneeengel): © Anton Watman, Seite 27 (Adler): © Vladimir Kogan Michael, Seite 27 (Edelweiß): © Anna Sedneva, Seite 27 (Enzian): © Manfred Ruckszio, Seite 27 (Alpenrose): © Gherzak, Seite 27 (Braunbär): © Eduard Kyslynskyy, Seite 28 (Steine): © saltodemata, Seite 29 (Blätter): © Mostovyi Sergii Igorevich, Seite 30 (Sonnensystem): © D1min, Seite 30 (Mondzyklus): © Korionov, Seite 31 (Erde): © titoOnz

Fotolia: Seite 25 (Muschel): © Pixaterra

Impressum

Edel:Kids Books
Ein Verlag der Edel Germany GmbH

Copyright © 2018 Edel Germany GmbH,
Neumühlen 17, 22763 Hamburg
www.edel.com
1. Auflage 2018

Mit freundlicher Genehmigung von Sven Nordqvist

Projektkoordination, Text und Lektorat:
Steffi Korda, Büro für Kinder- & Jugendliteratur, Hamburg
Layout und Umschlaggestaltung: Antje Warnecke, nordendesign.de
Druck und Bindung: optimal media GmbH, Glienholzweg 7, 17207 Röbel / Müritz

Printed in Germany

ISBN 978-3-96129-033-8